RAINER SCHILLINGS
ANSGAR PUDENZ

VERY BRITISH!

KSS me CAKE!

Royal Sweets & Sandwiches

von CHRISTINE BERGMAYER

EDITION
99PAGES by HEEL

yes

YES WE CAKE!

England feiert sich gerne selbst – bei Hochzeiten, Krönungsjubiläen und Geburtstagen aller Art. Seit Kate und William die perfekten Vorzeigeeltern geben, sind die Royals populärer denn je. England ist eigenwillig – und das nicht nur öffentlich, sondern auch im Verborgenen. Wer könnte sonst von sich behaupten, dass er die Gabel vor dem Verzehr von Erbsen herumdreht, um diese mit der Rückseite zu zerquetschen, anstatt sie wie jeder normale Mensch mit der richtigen Seite zum Mund zu führen?

Wie kann es sein, dass eine Persönlichkeit – wie Königin Elisabeth II. – am 21. April Geburtstag hat, aber diesen mit stoischer Selbstverständlichkeit immer erst im Juni feiert? Und das seit über 40 Jahren. Oder ist es etwa normal, dass man sich zum Nachmittagstee zunächst Roastbeef-Toasts und erst danach Marmeladenbrötchen und Kuchen einverleibt? Nein, dies ist sicher nicht gang und gäbe, aber in all seiner liebenswürdigen Schrulligkeit eben typisch englisch. Schon deshalb kann und will „Very British – Kiss me Cake“ kein normales Backbuch sein. Verstanden werden soll es vielmehr als eine Liebeserklärung an eine Esskultur, der stets – berechtigt oder nicht – die Anerkennung verwehrt blieb. Gewiss, Yorkshire Pudding und bis zur Unkenntlichkeit zerkochtes Gemüse sind nicht gerade Galionsfiguren einer raffinierten Küche. Und wenn in der renommierten „Times“ noch Mitte des letzten Jahrhunderts Olivenöl eher als Autopflege- denn als hochwertiges Lebensmittel propagiert wurde, dann darf man schon gewisse Zweifel hegen. Aber letztlich ist dies ungerecht, haben doch Englands Köche sehr wohl gelernt, was Gaumenfreuden sind. Jamie Oliver ist dabei nur der prominenteste Vertreter seiner Zunft. So beurteilte die amerikanische Feinschmeckerzeitschrift „Gourmet“ die Restaurantszene Londons als „beste der Welt“.

Auch „Kiss me Cake“ will eine Lanze brechen – für all die leckeren Snacks und Cakes, die außerhalb Englands kaum jemand würdigt. Wahrhaft königliche Köstlichkeiten, die aus jedem Home ein Castle werden lassen.

INHALT

CAKE SEITE 8-21

PICKNICK SEITE 22-37

PUDDING SEITE 40-53

5 O´CLOCK TEA SEITE 54-73

PUB SEITE 74-87

AFTER DINNER SEITE 88-97

PECAN PIE	SEITE 10
ERDNUSS-BROWNIE	SEITE 12
CARROT-INGWER-CAKE	SEITE 18
BISKUITTORTE MIT SCHWARZEN JOHANNISBEEREN	SEITE 20
MINCED PIES	SEITE 24
GINGERBREAD-KEKSE	SEITE 26
HOT CROSS BUNS	SEITE 28
SHORTBREAD MIT ORANGE	SEITE 34
HAFERFLOCKEN-AMARENAKIRSCH-MUFFINS	SEITE 36
APFELCHARLOTTE	SEITE 42
HASELNUSS-PUDDING	SEITE 44
BROWNIE-CASHEW-BANANE	SEITE 50
BIRNEN-CRUMBLE	SEITE 52
TOFFEE-SCHOKOLADEN-CUPCAKES	SEITE 56
MARACUJATÖRTCHEN	SEITE 58
CHEESE SCONES	SEITE 62
SCONES MIT WALNUSS-CRANBERRIES ODER ROSINEN	SEITE 64
CHICKEN-CURRY-MANGO-SANDWICH	SEITE 66
THUNFISCH-GURKEN-SANDWICH	SEITE 72
CHEESE-ONION-PIE	SEITE 76
SAUSAGE ROLLS	SEITE 78
STEAK AND BEAN PIE	SEITE 84
ROTE BEETE UND KAROTTEN-CHIPS	SEITE 86
TEE-SCHOKOLADE	SEITE 90
PFEFFERMINZSTANGEN	SEITE 92

Mit der Königin von England teilt Christine Bergmayer eine Leidenschaft: Beide haben im wahrsten Sinne des Wortes eine Schokoladenseite. Und obwohl Elisabeth II. und Christine einander persönlich nie begegnet sind, hatten sie doch direkten Kontakt zueinander. Wenn auch nur in Form eines süßen Erdbeertörtchens, an dem Christine Bergmayer in ihrer Zeit als Pâtissière beim Londoner Nobelkaufhaus und Hoflieferanten Harrods Hand anlegen durfte. Ein Buffet war angesetzt und Tausende von Törtchen mussten über Nacht fertiggestellt werden. Es braucht nicht viel Fantasie, um sich vorzustellen, wie das Oberhaupt von Großbritannien, Kanada, Australien und Papua-Neuguinea, um nur einige ihrer Ländereien zu nennen, genussvoll ihre silberne Kuchengabel in das zuckersüße Kunstwerk einstach. Wie die Eroberin eines unbekannten Kontinents. Und dann … Christines Törtchen im Mund der Queen? Ob sie dabei in freudiger Erregung ausgerufen hat: „Ein Königreich für ein Schoko-Erdbeertörtchen", ist indes nicht überliefert. Darüber schweigt man sich bei Hofe aus. Auf jeden Fall muss es gemundet haben, denn die Order aus dem Buckingham Palace kam in exakter Regelmäßigkeit. Für die gebürtige Bayerin Christine Bergmayer ist der berufliche Ausflug als „königliche Hoflieferantin" längst nur noch eine Anekdote. Als Konditorin steht sie nach einigen anderen beruflichen Stationen inzwischen als selbstständige Zuckerbäckerin auf eigenen Beinen. Ihr liebevoller Stil, ihre sorgfältige Arbeit und das offensichtlich wohlschmeckende Ergebnis haben ihr den – inoffiziellen – Titel als „beste Zuckerbäckerin Deutschlands" eingebracht. „Aber", das gibt Christine Bergmayer unumwunden zu, „ich liebe England und seine leckeren Cakes und Snacks. Daher war dieses Buch für mich eine Herzensangelegenheit."

LOVE

00AM-

always

CAKE

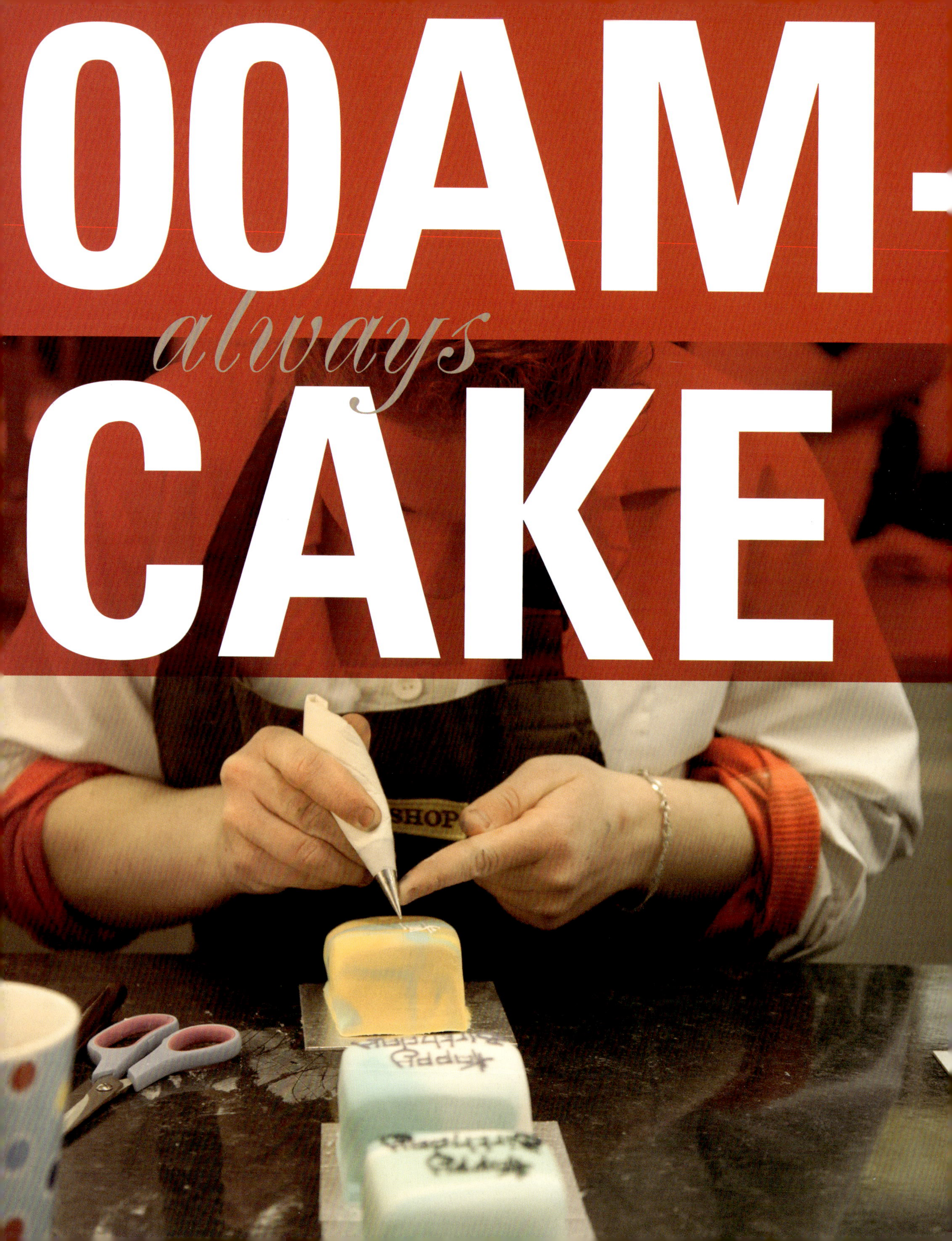

-12PM

MONTY PECAN PIE

Pecan Pie

Zutaten für 6-8 Stücke

Obstkuchenform mit herausnehmbarem Boden 20 cm Durchmesser

MÜRBETEIG:
100 g Butter
Salz
50 g Zucker
150 g Mehl

FÜLLUNG:
120 ml Schlagsahne
120 g Zucker
50 g Honig
200 g geschälte Pekannüsse (ersatzweise Walnüsse)
Salz
20 g Butter

Für den Mürbeteig Butter in Würfel schneiden. Butter, eine Prise Salz und Zucker mit den Knethaken des Handrührers mischen, das Mehl zugeben und zum Schluss mit den Händen zu einem glatten Teig verkneten. Den Mürbeteig zu einem flachen Ziegel formen, in Folie wickeln und eine Stunde kalt stellen.

Für die Füllung die Sahne, den Zucker sowie den Honig aufkochen und bei mittlerer Hitze fünf Minuten köcheln lassen. Die Pekannüsse, eine Prise Salz und Butter zu der Sahnemasse geben und noch einmal aufkochen lassen.

Den Mürbeteig auf der bemehlten Arbeitsfläche etwa 4 mm dick und auf 25 cm Durchmesser ausrollen. Einen Kreis ausschneiden und den Teig in eine gefettete und bemehlte Form legen und am Rand leicht festdrücken. Die lauwarme Pekannussfüllung in der Form verteilen und im vorgeheizten Ofen auf unterster Schiene bei 180 °C (Gas 2, Umluft 170 °C) 30 Minuten backen. Die Form gegen Ende der Backzeit eventuell mit Alufolie abdecken.

CHOC, RATTLE & ROLL

Erdnuss-Brownie

Zutaten für 6 Stücke

BROWNIE:
100 g gesalzene Erdnüsse
150 g Zartbitterkuvertüre
50 g Butter
2 Eier (Kl. M)
80 g Zucker
40 g Semmelbrösel
40 g Mehl
40 g geriebene Mandeln
1 gestrichener TL Backpulver

TOPPING:
80 g Zartbitterschokolade
140 g Schlagsahne
50 g Erdnussbutter
evtl. Erdnüsse zum Bestreuen

Das Salz von den Erdnüssen kurz abwaschen, die Nüsse abtrocknen und grob hacken. Die Zartbitterkuvertüre fein hacken und mit Butter in einem heißen Wasserbad schmelzen. Eier und Zucker mit den Quirlen des Handrührers dickschaumig aufschlagen. Warme Butter-Kuvertüre unter die Eier rühren. Erdnüsse, Semmelbrösel, Mehl, Mandeln und Backpulver gut mischen und mit einem Spatel unter die Ei-Butter-Masse heben.

In den Boden einer Springform (ca. 22 cm Durchmesser) ein Blatt Backpapier einspannen, die Browniemasse einfüllen und glatt streichen. Den Brownie im vorgeheizten Ofen bei 180 °C (Umluft 170 °C) auf mittlerer Schiene 20 Minuten backen. Aus dem Ofen nehmen und auf einem Kuchengitter auskühlen lassen.

Für das Topping die Zartbitterschokolade fein hacken, die Schlagsahne aufkochen, von der Kochstelle nehmen und die Kuvertüre darin auflösen. Die Erdnussbutter unterrühren und auf dem Brownie verteilen. Das Ganze nach Belieben mit Erdnüssen bestreuen.

THE PRINCE AND PRINCESS OF WALES
C D

BABY YOU CAN DRIVE *my* CAR!

Was haben Cakes und Cars gemeinsam? Nichts eigentlich, außer vielleicht einer legendären Serviette aus dem Jahr 1956. Beim Afternoon-Tea soll Alec Issigonis den legendären Satz gesagt haben: „Ich hasse alles, was groß ist." Sprach's und skizzierte den Plan für ein Drei-Meter-Wägelchen auf ebendiese Serviette: Den Mini, Urvater des modernen Kleinwagens. Der Cup-Cake für die Straße war geboren …

Britische Traditionen haben ein Eigenleben, das sich durch nichts erschüttern lässt. Der five-o'clock-tea gehört trotz seiner unpünktlichen Ausführung zu einem unbestimmten Zeitpunkt am Nachmittag ebenso dazu wie das „Ding Ding" des alten Londoner Doppeldeckerbusses. Jeder weiß, jetzt heißt es wirklich einsteigen. Zur Not über die hintere, offene Tür.

Um fünf – da wird Tee getrunken, und wenn die Welt untergeht. Anachronismus nennen es die einen, way of life die anderen, denen ein kleines Törtchen ebenso wichtig ist wie die Schrulligkeiten des Alltags. Man fährt Mini, natürlich nur den echten, nicht das dicke Remake. Zur Not auch Bentley, wenn man die Wahl – oder zumindest die Mittel – hat. Törtchen werden nicht einfach gekauft, sondern geordert. In London natürlich bei Harrods oder – wegen des Understatements – bei Fortnum & Mason.

„Baby, you can try my tarte." In den besseren Gegenden lässt man sich das Arrangement bringen – per Black Cab oder, profaner, per City-Kurier. Nur Vorsicht: Das Halteverbot vor Londons Kaufhausikone Harrods ist durchaus ernst zu nehmen. Dies mussten sogar die superreichen arabischen Prinzen erfahren, die ihre beiden Supersportwagen vor dem Supereingang platzierten. Die Polizei zeigte sich wenig „amused" und ließ die Boliden – aus natürlich deutscher Produktion – abschleppen. Medienwirksam, waren doch die Halter keine Geringeren als die aktuellen Besitzer des Kaufhauses.

Wenn man schon shoppen geht, dann bitte stilecht. Nicht mit teutonischem Getöse. Wenn die Queen ihr wöchentliches Törtchen haben will, muss der Hoflieferant auch den Hintereingang nutzen. Getreu dem Motto: „You want to be a millionaire? Then you should behave like one …"

ON THE ROAD AGAIN.

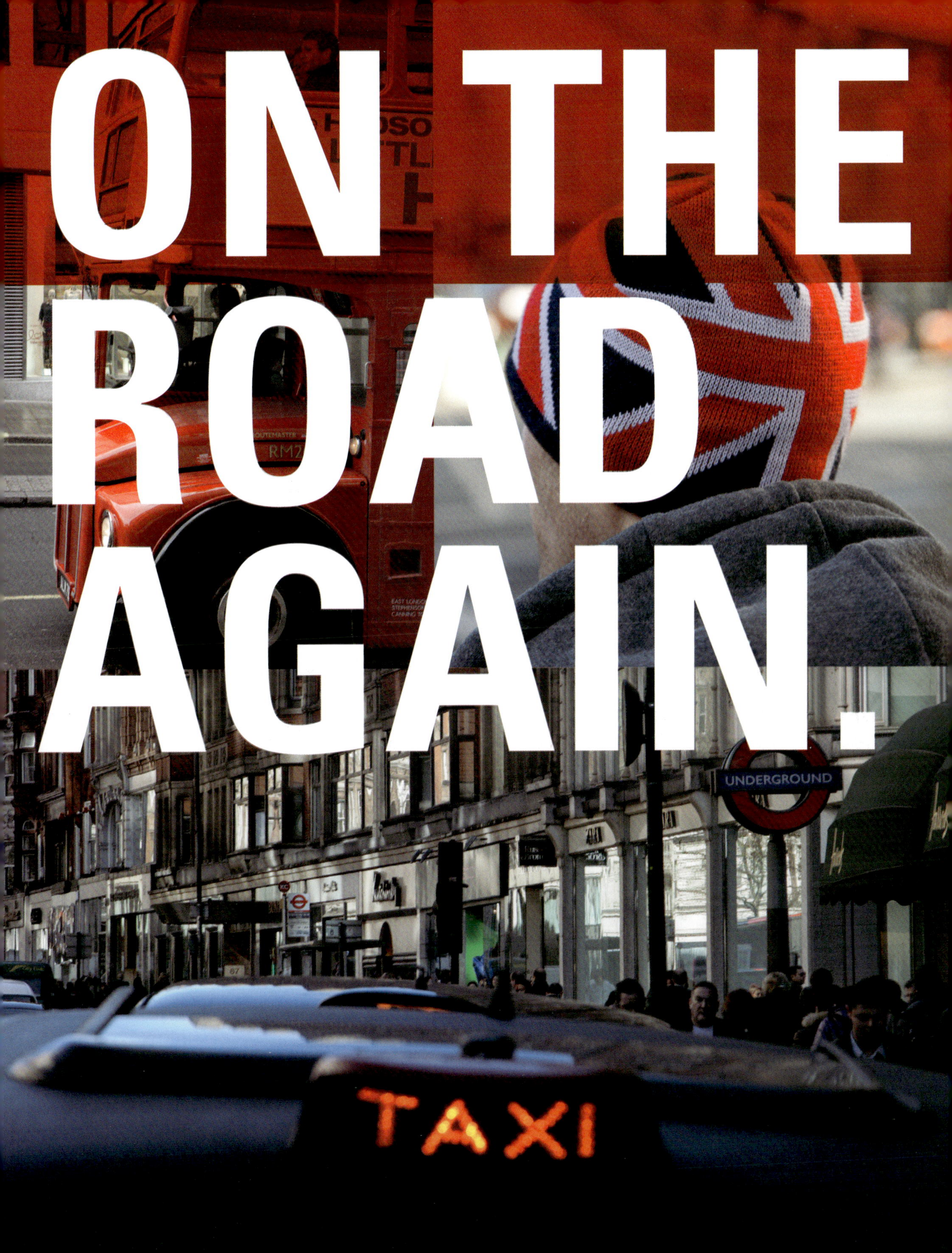

CARROTS FOR ASCOT

Carrot-Ingwer-Cake

Zutaten für 12 Stücke

KUCHEN:
400 g dicke Karotten
50 g kandierter Ingwer
50 g Marzipan-Rohmasse
4 Eier (Kl. M)
80 g Zucker
1 Prise Salz
40 g Mehl
1 TL Backpulver
1 TL gemahlener Zimt
200 g geriebene Haselnüsse

TOPPING:
200 g Frischkäse (Doppelrahmstufe)
90 g Puderzucker
12 Marzipankarotten
20 g kandierter Ingwer

Karotten schälen und grob raspeln. Die Karottenraspel in einer Schüssel abgedeckt mindestens eine Stunde einfrieren. Ingwer klein hacken.

Marzipan in kleine Stücke zupfen. Eier trennen. Marzipan, Eigelb und 2–3 EL heißes Wasser mit den Quirlen des Handrührgerätes schaumig schlagen. Das Eiweiß, den Zucker und das Salz steif schlagen. Mehl, Backpulver, Zimt und Haselnüsse gut vermischen. Die Eigelbmasse, das Eiweiß, die gefrorenen Karotten und den Ingwer mit einem Spatel mischen und dann die Mehl-Nussmischung unterheben. In den Boden einer Springform (ca. 25 cm Durchmesser) ein Blatt Backpapier einspannen, die Karottenmasse einfüllen und glatt streichen.

Karottenkuchen im vorgeheizten Ofen bei 180 °C (Umluft 170 °C) auf mittlerer Schiene 35–40 Minuten backen. Aus dem Ofen nehmen und auf einem Kuchengitter auskühlen lassen.

Frischkäse und gesiebten Puderzucker glatt rühren. Den Carrot-Ingwer-Cake aus der Form schneiden, damit bestreichen und mit Marzipankarotten und kandiertem Ingwer dekorieren.

ENGLISH MADE

A DREAM OF CREAM

Biskuittorte mit schwarzen Johannisbeeren

Zutaten für 12 Stücke

BISKUIT:
6 Eier (Kl. M)
120 g Zucker
120 g Mehl
70 g fein gemahlene Mandeln

FÜLLUNG:
220 g schwarze Johannisbeerkonfitüre
1 EL Zucker
2 Packungen Sahnesteif
600 ml Schlagsahne (33% Fettgehalt)

Für den Biskuit die Eier trennen. Eiweiß mit Zucker steif schlagen. Eigelb zugeben und weiter schlagen. Das Mehl und die Mandeln mischen und mit einem Schneebesen vorsichtig unter die Eiermasse heben. Eine Springform (26 cm Durchmesser) mit Backpapier auslegen, Biskuit einfüllen und glatt streichen. Biskuit im vorgeheizten Backofen auf mittlerer Schiene bei 180 °C (Gas 2–3, Umluft 160 °C) etwa 20 Minuten backen. Den fertigen Biskuitboden auf einem Kuchengitter auskühlen lassen

Den Biskuitboden in der Mitte halbieren und die untere Hälfte mit schwarzer Johannisbeerkonfitüre bestreichen. Zucker und Sahnesteif mischen. Schlagsahne aufschlagen und dabei Zuckermischung einrieseln lassen. Die Hälfte der Schlagsahne auf der Johannisbeerkonfitüre verstreichen, den oberen Biskuitboden auf die Sahne setzen. Danach die restliche Schlagsahne in einen Spritzbeutel mit großer Lochtülle füllen und dicke Tupfen auf die Torte spritzen.

Torte 1 Stunde kalt stellen und servieren.

11AM - PICK NICK

2PM

Minced Pies

Zutaten für 12 Stück

FÜLLUNG:
200 g getrocknete Aprikosen
200 g getrocknete Äpfel
150 g getrocknete Pflaumen
1 TL gemahlener Piment
6 EL Rum

TEIG:
250 g Mehl
190 g Butter
½ TL Salz
1 TL Zucker
3 EL Wasser
1 Ei (Kl. M)

Milch zum Bepinseln

Für die Füllung die Aprikosen, die Äpfel sowie die Pflaumen klein schneiden. In einem Topf 250 ml Wasser und gehackte Trockenfrüchte aufkochen, vom Herd nehmen und mit Piment und Rum würzen. Die Füllung auskühlen lassen.

Für den Teig die Butter würfeln und mit dem Mehl verkneten. Salz, Zucker, Ei und 2–3 EL kaltes Wasser zugeben und mit den Händen zügig zu einem glatten Teig verkneten. Teig zu einem flachen Ziegel formen, in Klarsichtfolie wickeln und eine Stunde kalt stellen. Den Teig auf einer bemehlten Arbeitsfläche dünn ausrollen und 12 Kreise (10–11 cm Durchmesser) ausstechen. Die Teigkreise in gebutterte und bemehlte Muffinformen (Muffinblech 12 Stück) drücken. Die Füllung in den Förmchen verteilen. Danach den restlichen Teig dünn ausrollen und Herzen oder Blumen ausstechen. Teigherzen auf die Füllung legen und mit Milch bepinseln.

Im vorgeheizten Ofen bei 180 °C (Gas 2–3, Umluft 170 °C) auf der 2. Schiene von unten etwa 30 Minuten backen. Minced Pies etwas abkühlen lassen, aus der Form stürzen und mit Schlagsahne servieren.

Tipp: Die Original-Füllung gibt es in englischen Läden im Glas als „Minced Meat“ zu kaufen.

BY APPOINTMENT OF THE QUEEN

LITTLE BIG BEN

Gingerbread-Kekse

Zutaten für ca. 30 Stück

- 80 g Honig
- 80 g Zuckerrübensirup
- 50 g brauner Zucker
- 1 Prise Salz
- 125 g Butter
- 1 TL Natron
- 1 TL gemahlener Zimt
- 30 g frischer Ingwer
- 250 g Mehl
- 120 g Puderzucker
- 2 EL Orangensaft
- nach Belieben Speisefarbe

- Mehl für die Arbeitsfläche
- Backpapier
- Plastikspritzbeutel

Honig, Zuckerrübensirup, braunen Zucker, Salz und 4 EL Wasser aufkochen lassen und von der Kochplatte nehmen. Die Butter würfeln und in den heißen Zucker-Honigsirup rühren. Natron, Zimt und frisch geriebenen Ingwer dazugeben und kalt stellen.

In die kalte Honig-Butter-Masse mit den Knethaken des Handmixers das Mehl unterrühren. Honigkuchenteig in Klarsichtfolie wickeln und über Nacht in den Kühlschrank legen. Gingerbread-Teig auf bemehlter Arbeitsfläche in kleinen Portionen ca. 5 mm dick ausrollen und Kronen, Big Ben-Türme oder Herzen ausstechen. Die Kekse auf mit Backpapier ausgelegte Backbleche legen und nacheinander im vorgeheizten Ofen bei 190 °C (Umluft 170 °C) auf mittlerer Schiene 8–10 Minuten backen.

Puderzucker mit Orangensaft glatt rühren, nach Belieben mit Speisefarbe einfärben. Den Zuckerguss in einen kleinen Plastikspritzbeutel füllen, die Spitze dünn abschneiden und damit die ausgekühlten Gingerbread-Kekse mit Tupfen, Streifen oder Kringeln verzieren. Zuckerguss ein bis zwei Stunden trocknen lassen.

Die Gingerbread-Kekse halten sich in einer Dose vier bis sechs Wochen.

NEW BALLS, PLEASE

Hot Cross Buns

Zutaten für 14 Stück

HEFETEIG:
40 g frische Hefe
120 ml Wasser
480 g Mehl
100 ml Milch
2 Eier
60 g Zucker
½ TL Salz
80 g weiche Butter
100 g Sultaninen
½ TL Zimt
½ TL gemahlener Piment
1 Msp. geriebener Muskat

MASSE FÜR DIE KREUZE:
4 EL Mehl
1 EL Zucker
etwa 4 EL Wasser
Milch zum Bepinseln

Für den Hefeteig die Hefe in das handwarme Wasser bröseln, 100 g Mehl unterrühren, die Schüssel mit einem Tuch abdecken und 20 Minuten gehen lassen.

Milch, Eier, Zucker, Salz sowie das restliche Mehl dazugeben und mit den Knethaken eines Handmixers einen glatten Teig kneten. Weiche Butter, Sultaninen, Zimt, Piment und Muskat untermischen. Den Teig danach mit einem Tuch abdecken und etwa eine Stunde gehen lassen.

Für die Kreuze Mehl, Zucker und Wasser zu einer spritzfähigen Masse verrühren.

Hefeteig in 14 Teile teilen und zu Kugeln formen. Die Kugeln auf ein gefettetes Backblech setzen. Mehlmasse in einen Einwegspritzbeutel füllen, die Spitze dünn abschneiden und Kreuze auf die Kugeln spritzen, danach vorsichtig mit Milch bepinseln. Hot Cross Buns 40 Minuten gehen lassen, nochmals mit Milch bepinseln und im vorgeheizten Backofen (Ober-/Unterhitze bei 190 °C bzw. Umluft bei 170 °C) etwa 15–20 Minuten backen. Hot Cross Buns lauwarm mit gesalzener Butter und Orangenmarmelade servieren.

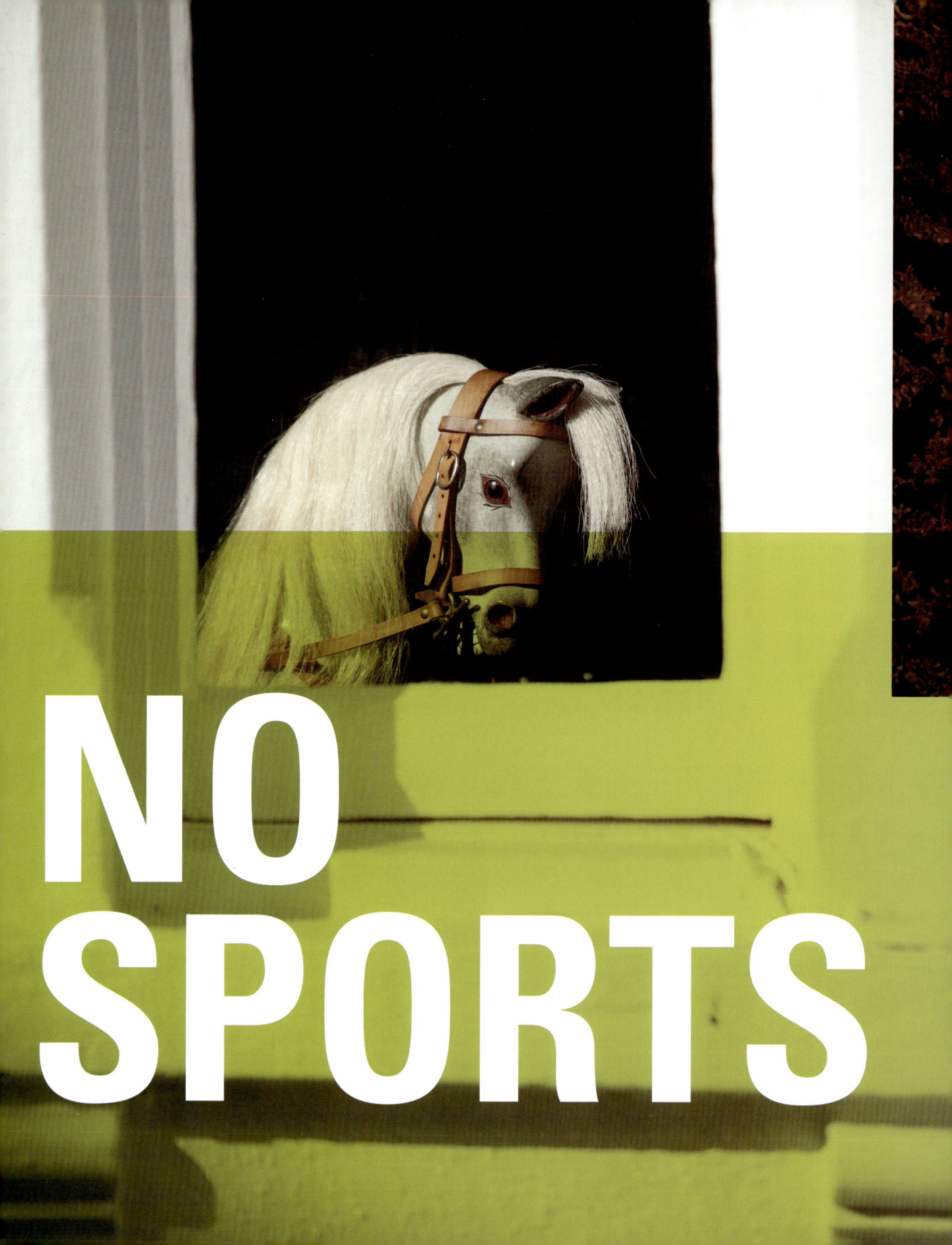
NO
SPORTS

„Britisch sein" ist gleichbedeutend mit „konsequenter Inkonsequenz". So wird Sir Winston Churchill das legendäre Zitat „Sport ist Mord" zugeschrieben. Aber wenn jemand die Behauptung aufstellte, Dartpfeile werfen sei kein Sport, käme dies einer Majestätsbeleidigung gleich! Ganz anders Cricket, dieses Fangspiel mit den für Außenstehende sonderbaren Regeln. Es gilt als Ereignis, nicht jedoch als Sport im eigentlichen Sinne. In diesem Zusammenhang darf bezweifelt werden, dass der Amerikaner Mark Twain das System verstanden hatte, als er leichtsinnig formulierte: „Golf ist in Wirklichkeit ein verdorbener Spaziergang." Nun, im schottischen St. Andrews, dem Mekka des über 500 Jahre alten Hirtenspiels, bei dem mit dem Hütestab kleine Steine in Löcher gekickt wurden, dürfte man das etwas anders sehen. Kurz: British Sports gelten nicht als Leibesertüchtigung, sondern als Philosophie. Dies könnte auch erklären, dass bei all den zuvor genannten Therapien das leibliche Wohl nicht zu kurz kommen darf. Während beim Dartspielen die Zielsicherheit deutlich mit dem Konsum von Zielwasser aus dem Zapfhahn zusammenhängt, steigt bei den Rasensportarten Cricket und Tennis der Verbrauch an Erdbeeren und clotted Cream sprunghaft an. Allein das Zuschauen erfordert ein gehöriges Maß an Energie, die man selbstverständlich sofort ausgleichen muss.

JUST FUN

Auch nicht einfach ist es, die Fährte eines Fuchses zu finden. Ein wahrhaft männliches Vergnügen, das man zuvor mit einem guten Schluck aus dem Flachmann und einem Sandwich unterstützt. Leider gab es proletarische Neider, die dem Treiben aus „reiner Missgunst" ein Ende bereiteten. Die Fuchsjagd ist in England seit 2005 verboten. Wenigstens offiziell.

Trösten kann man sich da allenfalls mit anderen standesgemäßen Veranstaltungen. Mit dem Pferderennen in Ascot z. B. oder der Royal Regatta in Henley-on-Thames. Den auffälligsten Hut zu tragen, gilt dort als Höchstleistungssport, für den die Damen der Gesellschaft ein ganzes Jahr lang trainieren. „Kürzlich", 1923, gab es einen handfesten Skandal: Damals wurde die Rennstrecke der Regatta nach 170 Jahren leicht verlegt. Ein skandalöses Ärgernis, das man nur mit dem adäquaten Regatta-Drink, einem Pimm's-Kräuterlikör, herunterspülen konnte. Dazu ein paar Minced Pies, womit selbstverständlich – zumindest bei irriger Übersetzung – keine Hackfleischtörtchen gemeint waren. Daran hat sich bis heute nichts geändert.

BEWARE OF
THE DOG

7

MAKE A LONG STORY SHORT

Shortbread mit Orange

Zutaten für 12 Stück

120 g gesalzene Butter
80 g Puderzucker
200 g Mehl
1 EL Maisstärke
1 TL abgeriebene Orangenschale

Butter und Puderzucker mit den Knethaken des Handrührers mixen. Mehl, Maisstärke und Orangenschale mit den Händen zügig unter die Butter-Zucker-Masse kneten. Den Teig in Folie wickeln und 1 Stunde kalt stellen.

Den Mürbeteig kurz durchkneten, danach auf einer leicht bemehlten Arbeitsfläche zu einer Platte von 25 × 10 cm ausrollen. Die Platte auf ein mit Backpapier ausgelegtes Backblech legen und den Teig in 2 cm dicke Streifen schneiden, diese danach etwa 5 mm auseinanderziehen und mit einer Gabel oder Messerspitze Muster eindrücken.

Das Shortbread im vorgeheizten Backofen bei 180 °C Ober-/Unterhitze (oder 160 °C Umluft) ca. 15 Minuten backen.

Tipp: Shortbread hält sich in einer luftdichten Dose gut 4 Wochen lang.

FOR LAURA AND ASHLEY

Haferflocken-Amarenakirsch-Muffins

Zutaten für 12 Stück

TEIG:
200 g Mehl
120 g Haferflocken
80 g Zucker
1 TL Backpulver
½ TL Salz
1 Glas Amarenakirschen (Abtropfgewicht 140 g) / oder 150 g abgetropfte Sauerkirschen
2 Eier (Kl. M)
60 ml neutrales Speiseöl
200 ml Buttermilch

TOPPING:
150 g Mascarpone
100 g Crème fraîche
1–2 EL Puderzucker

Mehl, Haferflocken, Zucker, Backpulver und Salz in einer Schüssel gut mischen. Die Amarenakirschen abtropfen lassen und sechs Kirschen für die Dekoration zur Seite legen, die restlichen Kirschen vierteln. Eier, Öl und Buttermilch mit einem Schneebesen verschlagen.

Die Mehlmischung und Kirschen zu der Ei-Ölmischung geben und alles mit einem Kochlöffel kurz verrühren, bis die Zutaten sich geradeso eben verbinden. Den Teig gleichmäßig in die mit Papierförmchen ausgelegte Muffinform verteilen.

Muffins im vorgeheizten Ofen bei 180 °C (Gas 2–3, Umluft 170 °C) auf der 2. Schiene von unten etwa 25 Minuten backen. Lauwarm aus der Form nehmen und auf einem Gitter auskühlen lassen.

Mascarpone, Crème fraîche und Puderzucker mit den Quirlen des Handrührers kurz aufschlagen. Die Creme in einen Spritzbeutel füllen, auf jeden Muffin einen Tupfen Creme spritzen und mit einer halben Kirsche garnieren.

1952
EIIR
2002

1 PM – PUDDING

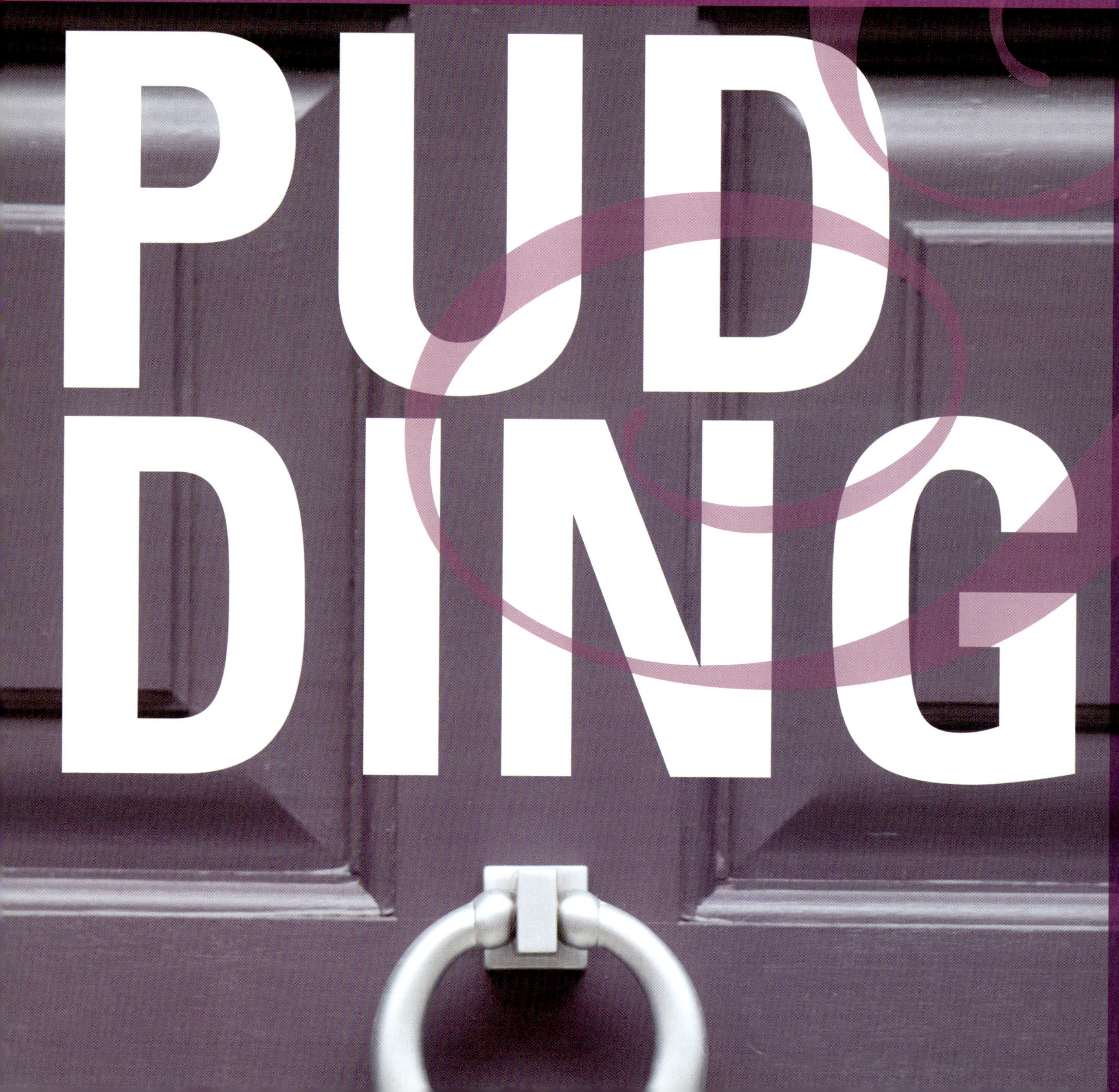

3PM

ROUGH TRADE
ROUGH TRADE
ROUGH TRADE
ROUGH TRADE
ROUGH TRADE

AN APPLE A DAY

Apfelcharlotte

Zutaten für 4 Portionen

3–4 säuerliche Äpfel (geschält 300 g)
50 g brauner Zucker
40 g Sultaninen
3 EL Rum
1 Bio-Zitrone
½ Vanilleschote
1–2 EL Butter
1 EL Zucker
6 Scheiben Toast ohne Rinde

Äpfel schälen, vierteln, entkernen und in 1,5 cm dicke Stücke schneiden. In einem Topf mit braunem Zucker, Sultaninen und Rum mischen. Die Zitrone waschen und 1 TL Schale fein abreiben, den Saft auspressen und 4 EL Saft und Schale unter die Äpfel rühren. Die Vanilleschote halbieren, das Mark herauskratzen und zu den Äpfeln geben, drei Minuten köcheln lassen und vom Herd nehmen.

Eine kleine Metallschüssel (mind. 500 ml Inhalt) dick mit Butter ausstreichen und mit Zucker ausstreuen. Eine Scheibe Toastbrot rund ausstechen und auf den Boden der Schüssel legen, den restlichen Toast in Streifen schneiden und die Form damit auslegen. Das heiße Apfelkompott einfüllen, mit dem restlichen Toast bedecken und gut festdrücken.

Die Apfelcharlotte im vorgeheizten Ofen bei 190 °C (Umluft 170 °C) auf mittlerer Schiene etwa 20 Minuten backen. Noch heiß aus der Form stürzen und mit Vanillesauce oder Vanilleeis servieren.

ONE 4 ME ONE 4 YOU

Haselnuss-Pudding

Zutaten für 6–8 Stück

KARAMELLSAUCE:
160 g Zucker
200 ml Schlagsahne

PUDDING:
70 g Butter
40 g Puderzucker
4 Eier (Kl. M)
140 g Zartbitterschokolade
140 g gehackte geröstete Haselnüsse
50 g Semmelbrösel
1 Prise Salz
30 g Zucker

Butter und Zucker für die Form

Puddingformen z. B. aus Silikon
Einwaage ca. 110 ml
(oder eine Muffinform, das ergibt acht Puddings)

Für die Sauce Zucker in einer Pfanne nach und nach goldbraun schmelzen lassen. Die Sahne zugeben und bei milder Hitze weiter köcheln lassen, bis sich der Zucker in der Sahne gelöst hat. Die Sauce auskühlen lassen.

Für den Pudding die Puddingformen dünn ausbuttern und mit Zucker bestreuen. Weiche Butter, Puderzucker und 4 Eigelb mit den Quirlen des Handrührers schaumig schlagen. Schokolade fein hacken und mit Haselnüssen und Semmelbröseln mischen. Eiweiß und Salz steif schlagen, dabei den Zucker einrieseln lassen und mit der Nussmischung unter die Butter-Ei-Masse heben.

Puddingmasse bis knapp unter den Rand in die Formen füllen und im Wasserbad (Puddingform sollte zu ⅔ im heißen Wasser stehen) im vorgeheizten Ofen bei 190 °C Ober-/Unterhitze etwa 25 Minuten backen. Lauwarm aus der Form stürzen und mit Karamellsauce servieren. Tipp: Die Karamellsauce kann man mit 1–2 Löffeln Whisky verfeinern.

THE *Buckingham* BALLAST?

The Queen ist mit Sicherheit das beste Aushängeschild und Marketingprodukt Großbritanniens. Zwar sind die Embleme von Krone und Königin geschützt, aber jeder darf ohne Lizenz Souvenirs herstellen. Einzige Bedingung: Die Erinnerungsstücke sollen „geschmackvoll und frei von Werbung sein."

GOD Save THE CAKE

THE *Royal* FAMILY

Einmal, aber wirklich nur einmal im Jahr, so munkelt man in höfischen Kreisen, schreitet Lizzy die Zweite selbst zur Tat und erledigt den royalen Abwasch. Beim königlichen Grillabend in der Sommerresidenz Balmoral. Gatte Philipp wendet derweil die Steaks, und die gemeinen Lords und Ladies zeigen sich ob des bodenständigen Happenings „very excited“. Stöckelschuhe bohren sich in den mit der Nagelschere manikürten Rasen im blaublütigen Vorgarten, Smoke steigt in den nieseligen britischen Himmel. „What a beautiful evening!“ Ekstatische Verzückung, nur noch übertroffen durch die angestrengten Bemühungen der Gäste, keine Fett- und Ketchupflecken auf die noble Garderobe kleckern zu lassen.

Ob sich alles genauso zuträgt bei Königs, sei dahingestellt. Tatsache ist, dass man beim royalen Speiseplan sehr viel Wert auf Normalität legt. Britisch, herzhaft und köstlich. Wie die Rezepte in diesem Buch. So gehören Ingwer-Carrot-Cakes, Puddings und Minced Pies, Shortbread und Muffins zum täglichen Brot des Windsor-Haushalts. Ganz wie bei Mr. und Mrs. King nebenan. Mit dem kleinen Unterschied, dass letztere wohl täglich ihren Abwasch selbst erledigen müssen.

ELISABETH IM PORZELLANLADEN

4.50 FROM PUDDINGTON

Brownie-Cashew-Banane

Zutaten für 9 Stücke

150 g geröstete Cashewkerne
200 g Banane
180 g Zartbitterkuvertüre
80 g Butter
3 Eier (Kl. M)
80 g Zucker
60 g Semmelbrösel
30 g Mehl
50 g gemahlene Mandeln
1 TL Backpulver

Dazu Vanilleeis

Die Cashewkerne grob hacken, 3 EL zum Bestreuen zur Seite legen. Danach die Banane in 5 mm dicke Scheiben schneiden, die Zartbitterkuvertüre fein hacken und mit Butter in einem heißen Wasserbad schmelzen. Eier und Zucker mit den Quirlen des Handrührers dickschaumig aufschlagen. Warme Butter-Kuvertüre unter die Eier rühren. Cashewkerne, Semmelbrösel, Mehl, Mandeln und Backpulver gut verrühren. Die Mischung sowie die Bananen mit einem Spatel unter die Ei-Butter-Masse heben.

Ein Backblech mit Backpapier auslegen, und die Browniemasse in einen verstellbaren Backrahmen in der Größe 21 × 21 cm einfüllen und glatt streichen. Das Ganze mit Cashewkernen bestreuen. Den Brownie im vorgeheizten Ofen bei 180 °C (Umluft 170 °C) auf mittlerer Schiene 20 Minuten backen. Aus dem Ofen nehmen und auf einem Kuchengitter etwas auskühlen lassen.

Den Brownie lauwarm mit Vanilleeis oder Schlagsahne servieren.

The M
he Prin
and
ady Diana Spencer

BÜRGER KING

Birnen-Crumble

Zutaten für 6–8 Portionen

Pieform 25 cm Durchmesser

STREUSEL:
100 g weiche Butter
100 g brauner Zucker
1 Prise Salz
180 g Mehl
1 TL gemahlener Zimt
2 EL Sesamsaat

FÜLLUNG:
2 EL Butter
1 EL Zucker
800 g Birnen
80 ml Schlagsahne
1 EL Vanille-Puddingpulver
50 g brauner Zucker
3 EL Zitronensaft
80 g Wildpreiselbeeren

Für den Streusel die Butter, den Zucker und das Salz mit den Quirlen des Handrühres schaumig schlagen. Mehl, Zimt und Sesam mit den Händen unter die Butter kneten und den Teig zu Streuseln verarbeiten.

Die Pieform dick mit Butter ausstreichen und mit Zucker bestreuen. Die Birnen schälen, vierteln, entkernen und in 5 mm dünne Spalten schneiden.

Sahne, Vanille-Puddingpulver, braunen Zucker und Zitronensaft gut verrühren und mit den Birnenspalten mischen. Die Birnen in die Pieform füllen, glatt drücken und Wildpreiselbeeren teelöffelweise darauf verteilen. Den vorbereiteten Streusel auf die Birnen verteilen und leicht festdrücken. Birnen-Crumble im vorgeheizten Ofen bei 190 °C (Umluft 170 °C) auf mittlerer Schiene etwa 35 Minuten backen (vor dem Herausnehmen mit einem Messer in die Birnen stechen und überprüfen, ob diese weich sind).

Den Pie lauwarm oder kalt als Dessert servieren. Dazu schmeckt frische, halbsteif geschlagene Schlagsahne.

5 O´C TEA

LOCK

ROLLING STONES

Toffee-Schokoladen-Cupcakes

24 kleine Cupcakes
(Muffinform 24 Stück
ca. 4,5 cm Durchmesser)

CREME:
120 g Zartbitterschokolade
200 g Schlagsahne

TEIG:
70 g weiche Toffee-Bonbons
70 g Zartbitterschokolade
100 g weiche Butter
2 Eier (Kl. M)
60 g Zucker
80 g Mehl
50 g gemahlene Mandeln
1 gestr. TL Backpulver

DEKOR:
24 Himbeeren

Für die Creme die Zartbitterschokolade grob hacken, die Schlagsahne aufkochen und die Schokolade in der heißen Sahne auflösen. Schokoladensahne gut durchschlagen und mindestens zwei Stunden kalt stellen.

Für den Teig die Toffee-Bonbons klein schneiden. Zartbitterschokolade grob hacken und über einem warmen Wasserbad schmelzen. Butter, flüssige Schokolade und 2 Eigelb mit den Quirlen des Handmixers ca. 3 Minuten schaumig, das Eiweiß mit Zucker steif schlagen. Mehl, Mandeln und Backpulver gut mischen. Diese Mehlmischung, die Eiweißmasse sowie die Toffee-Bonbons mit einem Schneebesen unter die Schokoladenmasse heben.

Muffinform mit Papierförmchen auslegen (oder fetten und bemehlen), den Teig mit einem Löffel gleichmäßig in den Papierförmchen verteilen. Im vorgeheizten Backofen bei Ober-/Unterhitze 190 °C (Umluft 170 °C) ca. 15 Minuten backen. Cupcakes noch warm aus der Form nehmen und auf einem Kuchengitter auskühlen lassen.

Kalte Schokoladensahne mit den Quirlen des Handrührers kurz aufschlagen, in einen Spritzbeutel mit Sterntülle füllen. Dicke Schokoladencremetupfen auf die Cupcakes spritzen und mit einer Himbeere garnieren.

LONDON TEA PARTY

Maracujatörtchen

Zutaten für 24 Stück

MÜRBETEIG:
100 g Butter
50 g Zucker
1 Prise Salz
1 Eigelb (Kl. M)
150 g Mehl

CREME:
220 ml Maracuja-Nektar
20 g Vanille-Puddingpulver
1 Eigelb (Kl. M)
50 g Butter

BAISER:
2 Eiweiß (Kl. M)
70 g Zucker

Muffinblech (kleine Muffins 24 Stück, ca. 4,5 cm Durchmesser)

Für den Mürbeteig die Butter in Würfel schneiden. Butter, 1 Prise Salz, Zucker und Eigelb mit den Knethaken des Handmixers verkneten, das Mehl zugeben und zum Schluss mit den Händen zu einem glatten Teig verkneten. Den Mürbeteig zu einem flachen Ziegel formen, in Folie wickeln und eine Stunde kalt stellen. Mürbeteig auf bemehlter Arbeitsfläche 3 mm dick ausrollen und 6,5 cm große Kreise ausstechen. Den Vorgang wiederholen, bis 24 Kreise ausgestochen sind. Teigkreise in eine gebutterte und bemehlte Muffinform drücken. Mürbeteigtartelettes mit einer Gabel einstechen und im vorgeheizten Ofen auf mittlerer Schiene bei 180 °C (Umluft 170 °C) 10–12 Minuten backen.

Für die Creme 180 ml Maracuja-Nektar aufkochen. Den restlichen Nektar mit Vanille-Puddingpulver und Eigelb mischen und unter Rühren zu dem kochenden Nektar gießen, dann eine Minute kochen lassen. Den Pudding in eine Schüssel umfüllen. Kalte Butter in Würfel schneiden und mit einem Schneebesen in den heißen Pudding schlagen, bis keine Butterstückchen mehr zu sehen sind. Den Pudding auskühlen lassen, in einen Spritzbeutel mit Lochtülle füllen und in die Mürbeteigtartelettes verteilen.

Für das Baiser Eiweiß steif schlagen, dabei den Zucker einrieseln lassen. Baisermasse in einen Spritzbeutel mit Lochtülle füllen und dicke Tupfen auf die Tartelettes spritzen. Baiser mit einer Lötlampe abflämmen (oder kurz im Ofen übergrillen).

TIP FOR TEA

Natürlich könnte man an dieser Stelle trefflich darüber philosophieren, zu welchen Uhrzeiten „tea time" dem guten Ton entspricht. „Early morning", das heißt noch vor dem Frühstück, oder doch besser um „five-o'clock"? Doch ganz gleich, um welche Uhrzeit man sich das Gebräu einverleibt, tea time ist eigentlich jederzeit. Nicht die Sache zählt, sondern der Grund, um ein Schwätzchen zu halten.

Dabei ist der legendäre „high tea", eine Art Zwischenmahlzeit am späten Nachmittag, leider etwas aus der Mode gekommen. Nur in großen Hotels und edlen Kaufhäusern zelebriert man diesen Anachronismus noch, der so britisch ist wie die Kronjuwelen der Queen. Überrascht sollte man allerdings nicht sein, wenn man anstatt des erwarteten Kuchens zum Tee durchaus herzhafte Snacks gereicht bekommt. Sandwiches mit Thunfisch, Roastbeef und Ei sind ebenso an der Tagesordnung wie die obligatorischen Gurkenscheiben. Hat man den ersten Hunger gestillt, folgen Scones mit „clotted cream" und Marmelade sowie Kekse und Kuchen.

Der Sitte, nachmittags einen Tee einzunehmen, verdankt die weltweite Gastronomie übrigens die Erfindung des Trinkgelds. Weil die Herrschaften beim Einnehmen des Tees auf einen schnellen Service angewiesen waren, um diesen nicht kalt trinken zu müssen, gab es auf jedem Tisch eine Dose, in die der Gast im Beisein des Kellners einen „freiwilligen" Obulus entrichtete „to insure promptness". Zu Deutsch: um Schnelligkeit zu gewährleisten. Umgangssprachlich wurde daraus der „Tip", das Trinkgeld.

MY SCONE IS MY CASTLE

Cheese Scones

Zutaten für 20 Stück

SCONES:
500 g Mehl
90 g zimmerwarme Butter
20 g Backpulver
½ TL Salz
1 Msp. Pfeffer
250 g geriebener Cheddar
250 g Milch

DAZU:
Frische Kräuter (z. B. Estragon, Thymian, Petersilie ...)
200 g Sauerrahm
Salz und Pfeffer
Milch zum Bepinseln

Mehl, Butter, Backpulver, Salz und Pfeffer in einer Schüssel mit den Quirlen des Handrührers vermengen, bis keine Butterflöckchen mehr zu sehen sind. Den geriebenen Cheddar und die Milch zugeben und mit einem Spatel unterrühren. Anschließend den Teig auf bemehlter Arbeitsfläche kurz durchkneten und 3 cm dick ausrollen. Quadrate (5 × 5 cm) schneiden und auf mit Backpapier ausgelegte Backbleche setzen. Scones mit einem Küchentuch abdecken und eine Stunde ruhen lassen.

Die Oberfläche der Scones mit Milch bepinseln. Im vorgeheizten Ofen bei 180 °C (Umluft 170 °C) auf mittlerer Schiene nacheinander 20–25 Minuten backen.

Kräuter fein hacken und mit Sauerrahm, Salz und Pfeffer verrühren und zu den Scones servieren.

HOME SWEET HOME

Scones
mit Walnuss-Cranberries oder Rosinen

Zutaten für 20 Stück

SCONES:
500 g Mehl
100 g zimmerwarme Butter
90 g Zucker
20 g Backpulver
½ TL Salz
1 Msp. Pfeffer
120 g Sultaninen
oder
100 g Cranberries sowie
80 g gehackte Walnüsse
250 g Milch

DAZU:
200 g Mascarpone
100 g Crème fraîche
200 g Erdbeerkonfitüre

Mehl, Butter, Zucker, Backpulver und Salz in einer Schüssel mixen, bis keine Butterflöckchen mehr zu sehen sind. Die Sultaninen (oder Cranberries und Walnüsse) sowie die Milch dazugeben und mit einem Spatel unterrühren. Den Teig auf einer bemehlten Arbeitsfläche kurz durchkneten und 3 cm dick ausrollen. Kreise (5 cm) ausstechen und auf ein mit Backpapier ausgelegtes Backblech setzen. Den Vorgang so lange wiederholen, bis der Teig verbraucht ist (Teig dabei so wenig wie möglich durchkneten, da er sonst zäh wird). Scones mit einem Küchentuch abdecken und eine Stunde ruhen lassen.

Die Oberfläche der Scones mit Milch bepinseln (eventuell mit Walnusshälften verzieren). Im vorgeheizten Ofen bei 180 °C (Umluft 170 °C) auf mittlerer Schiene 20–25 Minuten backen. Mascarpone und Crème fraîche verrühren und mit Erdbeerkonfitüre zu den lauwarmen Scones servieren. Wer die Möglichkeit hat, sollte statt Mascarpone und Crème fraîche echte „clotted cream“ zu den Scones besorgen.

THREE TIMES A LADY

Chicken-Curry-Mango-Sandwich

Zutaten für 16 Stück

1 Hähnchenbrust ca. 250 g
3–4 EL Öl
8 Scheiben Toast
ohne Rinde
½ reife Mango
80 g Mayonnaise
80 g Crème fraîche
1 TL Currypulver

16 Partyspieße

Hähnchenbrust in etwas Öl von beiden Seiten anbraten, in einer Pfanne mit Deckel bei milder Hitze etwa 8 Minuten ziehen lassen.

Aus jeder Toastscheibe 4 Kreise ausstechen (4 cm Durchmesser). Die Toastkreise in etwas Öl von beiden Seiten goldbraun anrösten. Mango in dünne Streifen (0,5 × 3 cm) schneiden. Mayonnaise mit Crème fraîche und Currypulver verrühren. Lauwarme Hähnchenbrust in dünne Scheiben schneiden und eventuell halbieren.

Je einen Teelöffel Currymayonnaise und Mangostreifen auf 16 Scheibchen Toast verteilen, mit Hähnchenbrustscheiben belegen, die restliche Currymayonnaise auf die Sandwiches geben, mit einer weiteren Scheibe Toast bedecken. Das Ganze schließlich mit Partyspießen fixieren.

SA
SALE!
Harrods

LE!
Welcome to Harrods
Valentine's Day
Monday 14th February
REWARDS
THAT KEEP
GROWING

Im Tea-Room bei Harrods ticken die Uhren anders. Am späten Vormittag sind nur wenige Plätze besetzt. Die vereinzelt dunkel gekleideten Herren und die Damen im schicken Kostüm scheinen zum Inventar zu gehören, denn entweder schweigen sie einander an oder verbergen sich hinter einer Wand aus Zeitungspapier. Nur am Rascheln der aufgeschlagenen „Times" lässt sich zweifelsfrei feststellen, dass die Gäste noch nicht gestorben sind. Wer hier sitzt, befindet sich im (Einkaufs)-Zentrum des britischen Empire. Da kann die Welt in Trümmern liegen, solange das Harrods an der Londoner Brompton Road seine Pforten öffnet, wird schon alles wieder in Ordnung kommen.

5000 Mitarbeiter proben den täglichen Wahnsinn, das „einzig perfekte Kaufhaus der Welt" zu sein. Über 300 Abteilungen auf sieben Etagen bieten alles, was das Herz begehrt. Und was es nicht gibt, wird selbstverständlich umgehend besorgt. Dies gilt freilich auch für die exzentrischste Lebensmittelabteilung der Welt, in der Hochzeitstorten zum Schnäppchenpreis von 3000 Pfund angeblich mehrmals in der Woche geordert werden. Harrods ist stolz auf seine blaublütige Kundschaft, auch wenn man leider nicht mehr königlicher Hoflieferant ist. Man zeigte sich „not amused", als der Harrods-Eigner und Vater von Prinzessin Dianas letztem Liebhaber nach ihrem Unfalltod einen Gedächtnisbrunnen im Kaufhaus errichtete. Seit dem Entzug des Titels „Hoflieferant" im Jahr 2001 vegetiert das Kaufhaus in einem standeslosen Vakuum. „Nun", meint der Mann hinter der „Times" mit einem spitzen Unterton, „Toys ‚R' Us wechselt ja auch dauernd den Besitzer." Will heißen: Für Harrods besteht Hoffnung.

SALE!
SALE!
LE!
SALE!

FISH FOR FUN

Thunfisch-Gurken-Sandwich

Zutaten für 12 Stück

ca. 280 g frischer Thunfisch
(eine 2 cm dicke Scheibe)
3–4 EL Öl
6 Scheiben Toast ohne Rinde
½ Salatgurke
Fleur de Sel

Den Thunfisch in etwas Öl von beiden Seiten nur so kurz anbraten, dass er in der Mitte seine schöne rote Farbe beibehält.

Jede Toastscheibe in gleich breite Streifen schneiden. Aus der Salatgurke 24 dünne Scheiben (so groß wie die Toastbrotrechtecke) schneiden.

Auch den Thunfisch in ca. 8 mm dicke Streifen teilen. Das Ganze auf die 12 Toastbrotscheiben verteilen: Erst eine Scheibe Gurke, dann Thunfisch, dann Gurke und schließlich wieder Toast. Je nach Belieben kann man die Sandwiches nochmals in 4 kleine Würfel schneiden. Kurz vor dem Servieren etwas Fleur de Sel darüberstreuen.

7PM - PUB

11PM

Name of

CHEESE SMILING!

Cheese-Onion-Pie

Zutaten für 5 Stück

TEIG:
100 g Butter
200 g Mehl
½ TL Salz
2–3 EL Wasser
1 Eigelb (Kl. M)

FÜLLUNG:
200 g geschälte Zwiebeln
2 EL Öl
3 EL Schlagsahne
1 EL Schmand
120 g geriebener Cheddar
½ TL Kümmel (kann man auch weglassen)
Salz
1 Msp. Chiliflocken
1 TL frischer oder getrockneter Thymian
1 Eiweiß (Kl. M)

Für den Teig die Butter würfeln und mit dem Mehl verkneten. Salz, Eigelb und ca. 2 EL kaltes Wasser zugeben und mit den Händen zügig zu einem glatten Teig verkneten. Danach den Teig zu einem flachen Ziegel formen, in Klarsichtfolie wickeln und eine Stunde kalt stellen.

Für die Füllung Zwiebeln in kleine Würfel schneiden und in Öl glasig dünsten, die Schlagsahne zugeben, in eine Schüssel füllen und auskühlen lassen. Schmand, Cheddar, Kümmel, Salz, Chiliflocken und Thymian unterrühren.

Den Teig flach drücken, auf einer bemehlten Arbeitsfläche dünn ausrollen. 5 Kreise (15 cm Durchmesser) ausschneiden und dünn mit Eiweiß bepinseln. Zwiebelfüllung gleichmäßig in der Mitte der Teigkreise verteilen, zu einer Tasche zusammenschlagen und mit den Fingern am Rand sehr gut festdrücken. Taschen auf ein mit Backpapier ausgelegtes Backblech setzen und mit Milch bepinseln. Die Taschen eine Stunde ruhen lassen.

Im vorgeheizten Ofen bei 180 °C (Umluft 170 °C) auf der mittleren Schiene etwa 30 Minuten backen. Cheese-Onion-Pies schmecken warm und kalt.

ROLLS-CHOICE

Sausage Rolls

Zutaten für 8 Stück

450 g Tiefkühl-Blätterteig
(10 quadratische Scheiben)
1 trockenes Brötchen
100 ml Milch
2 Zwiebeln ca. 130 g
400 g Hackfleisch
2 Eier (Kl. M)
Salz
Pfeffer
½ TL Kreuzkümmel
1 TL Paprikapulver

Den Blätterteig auftauen lassen, das Brötchen in Scheiben schneiden und in Milch einweichen. Zwiebeln schälen und in kleine Würfel schneiden. Das Hackfleisch mit dem eingeweichten Brötchen, den Zwiebeln, einem Ei und einem Eigelb vermengen. Fleischmasse mit Salz, Pfeffer, Kreuzkümmel und Paprikapulver würzen.

8 Scheiben Blätterteig auf eine Größe von 13 × 13 cm ausrollen und mit restlichem Eiweiß bepinseln. Die Hackfleischmasse gleichmäßig in der Mitte verteilen und den Blätterteig mit dem Hackfleisch einrollen. Danach die Sausage Rolls mit der Naht nach unten auf ein mit Backpapier ausgelegtes Backblech legen. Den restlichen Blätterteig etwas ausrollen, in 12 dünne Streifen schneiden und 12 kleine Motive (Blätter, Herzen …) ausstechen. Sausage Rolls mit Milch bepinseln und mit Blätterteig dekorieren. Dekoration auch mit Milch bepinseln und im vorgeheizten Backofen bei 180 °C (Umluft 170 °C) auf mittlerer Schiene 20–25 Minuten backen. Nach Belieben mit englischer Mincesauce servieren.

THE *Last* ORDER!

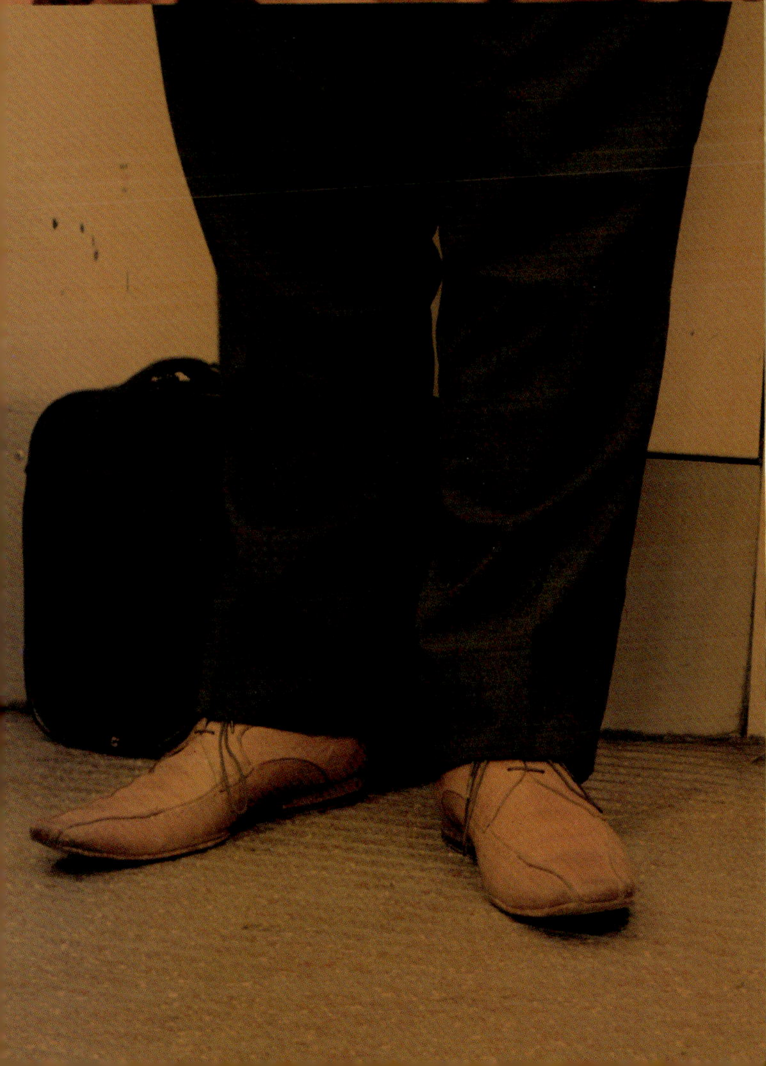

JOHN SMITH'S
ESTD 1758
EXTRA
SMOOTH

DRINK UP, PLEASE!

Die wahre Politik, heißt es, werde nicht im Parlament gemacht, sondern in den Pubs auf der anderen Straßenseite. Direkt unterhalb des Big Ben. Glitzernde Spiegel, glänzendes Messing und schwulstige Teppiche. Die Wohnzimmeratmosphäre eines solchen „Public House" lockert die Zungen. Oder zumindest der Stoff, der hier ab 12 Uhr mittags als Half Pints oder Pints in jeder Couleur von hell bis dunkel ausgeschenkt wird. Dabei muss nicht nur jeder Golfschlag vom Wochenende eingehend erläutert werden, sondern auch das „große Ganze". Hinter Milchglasscheiben und ohne offizielle Rituale. Da kann man sich im Parlament spinnefeind sein und den politischen Gegner grundsätzlich nur mit der Formel „the honourable member for …" (danach kommt der jeweilige Wahlkreis) ansprechen, hinter der Theke gibt es nur good friends. Einziges Problem sind die vielen Biere und Ales. Über 400 Sorten sollen es sein. Spätestens bis 22.45 Uhr muss man das System verstanden haben, denn wenn die Glocke zum „last order" einläutet, erschallt auch bald die Stimme des Wirts, der die Gäste auffordert, doch bitte die Gläser zügig zu leeren (drink up, please!). Ehe die gesetzlichen Sittenhüter dazu übergingen, das enge Zeitfenster etwas zu öffnen, zeigte man sich erfinderisch. Nicht selten blieb die Uhr einfach kurz vor 23 Uhr stehen oder wurde mit einem verirrten Dartpfeil abgebremst. Verschlossene Pub-Türen sollen ebenso vorgekommen sein wie Polizisten, die Punkt 23 Uhr ihre Uniform gegen zivile Kleidung austauschten. Feierabend ist schließlich Feierabend. Die beste Ausrede allerdings brachte ein Konditor, der vor Toresschluss noch unbedingt einen Whisky ordern wollte. Angeblich, weil sein Kuchen am nächsten Tag sonst geschmacklos bleiben würde.

MISTER BEAN

Steak and Bean Pie

Zutaten für 2 Portionen

Teig:
75 g Butter
150 g Mehl
1 Prise Salz
1–2 EL Wasser
1 Eigelb (Kl. M)

FÜLLUNG:
150 g Rindfleisch
80 g geschälte Zwiebeln
2 EL Öl
250 g Tomaten aus der Dose
150 g abgetropfte weiße Bohnen aus der Dose
1 TL Paprikapulver
Salz
Pfeffer

Eiweiß zum Bepinseln
Milch zum Bepinseln

ofenfeste Pieform oval ca. 600 ml Inhalt

Für den Teig die Butter würfeln und mit dem Mehl verkneten. Salz, Eigelb und ca. 2 EL kaltes Wasser zugeben und mit den Händen zügig zu einem glatten Teig verkneten. Den Teig zu einem flachen Ziegel formen, in Klarsichtfolie wickeln und eine Stunde kalt stellen.

Für die Füllung Rindfleisch in Würfel schneiden, Zwiebeln grob hacken. Das Rindfleisch in etwas Öl anbraten, die Zwiebeln glasig dünsten. Nun auch die Tomaten hineingeben, etwas einkochen lassen und dabei öfters umrühren. Das Ganze mit Paprikapulver, Salz und Pfeffer würzen und zum Schluss die Bohnen dazugeben.

Den Teig flach drücken (etwa ⅛ für die Dekoration zur Seite legen). Teig auf einer bemehlten Arbeitsfläche 5 cm größer als die Pieform ausrollen. Lauwarme Steak-Bohnen-Mischung in die Pieform geben, die Pieform am Rand mit Eiweiß einpinseln. Schließlich den Teig über die Füllung legen und am Pierand festdrücken. Danach den restlichen Teig dünn ausrollen, Blätter und Blumen ausstechen und den Pie damit dekorieren. Mit einer Gabel einstechen und mit Milch bepinseln, den Pie 15 Minuten ruhen lassen.

Den Pie im vorgeheizten Ofen bei 180 °C (Umluft 170 °C) auf der 2. Schiene von unten etwa 25 Minuten backen.

YOUR ROYAL DRYNESS

Rote Beete und Karotten-Chips

2 kleine Rote-Beete-Knollen
2 dicke Möhren
2–3 Rosmarinzweige
1 TL Fleur de Sel
ca. 250 g Öl zum Frittieren

Rote Beete und Möhren waschen und trocken reiben. Mit einem guten Gemüsehobel Karotten und Rote Beete in gleich dicke Scheiben schneiden (ca. 1,5 mm dick). Danach die Gemüsescheiben auf einem mit Backpapier ausgelegten Blech verteilen und im Backofen bei 100 °C Ober- und Unterhitze ca. 10 Minuten trocknen lassen.

Öl in einem kleinen Topf erhitzen (ca. 170 °C) und die Gemüsescheiben nach und nach im heißen Fett goldbraun frittieren. Herausnehmen und auf ein Küchenkrepppapier legen. Zum Schluss die Rosmarinzweige frittieren. Vor dem Servieren die Chips mit Fleur de Sel bestreuen.

AFTER

DINNER

BISHOPSGATE
BRUSHFIELD ST
PEMBRIDGE RD
LIVERPOOL STREET
NOTTING HILL GATE
ALDGATE EAST
NOTTING HILL GATE
ROUGH TRADE
ROUGH TRADE

MONEY MUST BE FUNNY

Tee-Schokolade

250 g gute Zartbitterkuvertüre hacken

3 EL schwarzer Tee (Earl Grey oder Jasmintee)

Kuvertüre fein hacken, 200 g in einen kleinen Topf geben und im vorgeheizten Ofen bei 50 °C auf mittlerer Schiene (Umluft 50 °C) etwa 20 Minuten schmelzen. Die Kuvertüre ab und zu umrühren. Den Topf aus dem Ofen nehmen und die restliche Kuvertüre langsam unterrühren, bis sie geschmolzen ist. 1,5 EL Tee unter die Kuvertüre rühren.

Ein flaches Blech mit Backpapier auslegen. Kuvertüre esslöffelweise auf das Blech geben. Das Blech mehrmals leicht auf den Tisch klopfen, damit die Kuvertüre dünn zu einem Kreis ausfließt, und mit Tee bestreuen. Falls die Kuvertüre nicht gleich fest wird, das Blech kurz in den Kühlschrank stellen.

Die Kuvertüreplättchen halten sich kühl und trocken gelagert ca. 6 Wochen.

AFTER NINE

Pfefferminzstangen

Zutaten für ca. 30 Stück

400 g Zartbitterkuvertüre
180 g Puderzucker
6–8 Tropfen Pfefferminzöl

120 g Kuvertüre fein hacken und im warmen Wasserbad schmelzen, das Ganze dabei ab und zu umrühren. Die geschmolzene Kuvertüre auf einem Backpapier zu einem Rechteck 2 mm dünn aufstreichen. Kuvertüreplatte fast fest werden lassen und mit einem Messer in Rechtecke schneiden (1,5 × 7 cm).

Puderzucker, Pfefferminzöl und 2–3 EL Wasser glatt verrühren. Die Zuckermasse soll noch recht fest sein! Pfefferminzfüllung in einen Plastikspritzbeutel füllen und die Spitze ca. 8 mm breit abschneiden. Auf jedes Kuvertürerechteck einen dicken Streifen spritzen. Pefferminzfüllung über Nacht trocknen lassen.

Die restliche Kuvertüre fein hacken und im warmen Wasserbad schmelzen lassen, dabei ab und zu umrühren. Die geschmolzene Kuvertüre in eine kleine Schale füllen. Die Pfefferminzstangen kopfüber in die Kuvertüre tauchen und anschließend mit einer Pralinengabel aus der Kuvertüre holen, etwas abklopfen, auf ein mit Backpapier ausgelegtes Blech setzen und fest werden lassen.

Trocken und kühl gelagert halten sich die Pfefferminzstangen gut drei Wochen.

ROUGH TRADE

NIGH

LIFE
Park

„Die Engländer gehen durchs Leben, als wäre jeder Teil davon ein vorgeschriebenes feierliches Ritual" – so zumindest beschreibt Gustaaf J. Renier sie in seinem Buch mit dem Titel „The English: Are they human?" Dass der Mann Holländer war und diese provozierende These bereits im Jahr 1938 aufstellte, macht die Sache nicht wirklich unmodern. Denn Tatsache ist, dass nichts im Tagesablauf eines Engländers dem Zufall überlassen wird.

Der Early-Morning-Tea ist genauso ein Teil der täglichen Selbstinszenierung wie das obligatorische Thunfisch-Gurken-Sandwich, der Pub-Besuch oder auch das Nachtleben. Man trifft sich mit einem ganz bestimmten Personenkreis, verkehrt in genau definierten Clubs und kleidet sich konsequent so, dass das klar formulierte Eigenbild den Idealvorstellungen entspricht. Dazu gehört freilich auch, dass man mit großem Bedacht die Gegend aussucht, in der man abends ausgehen möchte. Die Brick-Lane im Londoner East End hat nun mal nichts mit Chelsea und Co. zu tun. Dies ist zweifellos auch eine Frage des Geldes, aber vor allem der Klassenschicht, der man sich selbst zugehörig fühlt bzw. fühlen will. Wer abends auf Fish & Chips besteht, dürfte gesellschaftlich nicht zu der Fraktion der Mintplätzchen-Knabberer gehören, die sich zu später Stunde mit einem Cognac in den Smoke-Room zurückziehen und womöglich an einer Zigarre saugen. Rotzige Klamotten und schicke Dessous sind nicht zwingend ein Gegensatz, genauso wenig wie der Hosenbandorden für Mr. und Mrs. Smith bzw. Bingo für Lord und Lady Gaga.

Oder – um auch den kulinarischen Vergleich zu ziehen – ein Buch über englisches Essen und Trinken ist alles andere als ein sicherer Anwärter auf den Titel „Kürzestes Kochbuch der Welt". Vielmehr ist es ein Plädoyer für einen anderen Lebensentwurf. Einen englischen – ob morgens, mittags, abends oder nachts.

99

SNACKS

CHEESE SCONES SEITE 62
SCONES MIT WALNUSS-CRANBERRIES
ODER ROSINEN SEITE 64
CHICKEN-CURRY-MANGO-SANDWICH SEITE 66
THUNFISCH-GURKEN-SANDWICH SEITE 72

CHEESE-ONION-PIE SEITE 76
SAUSAGE ROLLS SEITE 78
STEAK AND BEAN PIE SEITE 84
ROTE BEETE UND KAROTTEN-CHIPS SEITE 86

CAKES

PECAN PIE SEITE 10
ERDNUSS-BROWNIE SEITE 12
CARROT-INGWER-CAKE SEITE 18
BISKUITTORTE MIT SCHWARZEN JOHANNISBEEREN SEITE 20

MINCED PIES SEITE 24
GINGERBREAD-KEKSE SEITE 26
HOT CROSS BUNS SEITE 28
SHORTBREAD MIT ORANGE SEITE 34
HAFERFLOCKEN-AMARENAKIRSCH-MUFFINS SEITE 36

APFELCHARLOTTE SEITE 42
HASELNUSS-PUDDING SEITE 44
BROWNIE-CASHEW-BANANE SEITE 50
BIRNEN-CRUMBLE SEITE 52

TOFFEE-SCHOKOLADEN-CUPCAKES SEITE 56
MARACUJATÖRTCHEN SEITE 58

TEE-SCHOKOLADE SEITE 90
PFEFFERMINZSTANGEN SEITE 92

Royal Wedding
To
the
HRH Prince
&
April 29th
Commemorate
Wedding of
Prince William
&
Middleton
2011

All Star
LANES
MEWTON-WOOD
PIANOFORTE
THE AMADEUS QUARTET
MERCEDES OLIVERA
PIANOFORTE
BUTLER NORMAN GREENWOOD
PIANOFORTE
THURSDAYS
BISHOPSGATE INSTITUTE
Tuesdays 1.5 to 1.50 p.m.
hosted
concerts
by everyone
Sir Edward
Elgar to
Sir Paul
McCartney.
TELEPHONE

Impressum

VERY BRITISH – KISS ME CAKE

Text und Konzept: Rainer Schillings
Fotos: Ansgar Pudenz
Design: Till Schaffarczyk
Rezepte und Foodstyling: Christine Bergmayer

ISBN: 978-3-95843-372-4

KONZEPTION: 99pages Verlag GmbH

EDITION
99PAGES *by* HEEL

99pages Verlag GmbH
Methfesselstr. 46a
20257 Hamburg

Heel Verlag GmbH
Gut Pottscheidt
53639 Königswinter

www.99pages.de

www.heel-verlag.de

Printed in Slovenia